ANALISI DEL LIBRO

AF131741

Morte a Venezia

· · · · · · · · · · · · · · · · ·

THOMAS MANN

ANALISI DEL LIBRO

Scritto da Natalia Torres Behar
Tradotto da Sara Rossi

Morte a Venezia

THOMAS MANN

THOMAS MANN

ROMANZIERE E SAGGISTA TEDESCO

- **Nato a Lubecca (Impero tedesco) nel 1875**
- **Muore a Zurigo nel 1955**
- **Premi letterari:**
  - Premio Nobel per la letteratura, 1929
  - Premio Goethe, 1949
- **Onorificenze di rilievo:**
  - Membro dell'Accademia Americana delle Arti e delle Lettere (eletto nel 1950)
  - Membro dell'Accademia delle Arti di Berlino
- **Opere degne di nota:**
  - *Buddenbrooks* (1901), romanzo
  - *La montagna incantata* (1924), romanzo
  - *Giuseppe e i suoi fratelli* (1933-1943), romanzo in quattro parti
  - *Doctor Faustus* (1947), romanzo

Paul Thomas Mann nacque il 6 giugno 1875 a Lubecca, una città del neonato Impero tedesco. Suo padre era un ricco commerciante tedesco e sua madre era brasiliana con ascendenze tedesche, portoghesi e indiane. Sebbene non sia mai stato uno studente particolarmente brillante, fu sempre attratto dalla scrittura e divorò le opere dei filosofi tedeschi, che ebbero un grande impatto sulla sua opera successiva. Durante l'adolescenza Mann si rese conto di essere attratto da altri ragazzi e le sue lotte con l'omosessualità si riflettono nelle sue opere. All'università frequentò corsi di letteratura, mitologia, economia, arte e storia e nel 1895 si recò per la prima volta in Italia con il fratello maggiore Heinrich. Durante questo periodo scrisse il suo primo romanzo, *I Buddenbrook*, che gli valse il riconoscimento nel mondo letterario europeo. In breve tempo raggiunge la fama mondiale e diventa una delle figure più significative della letteratura del XX secolo.

Nel 1905 Mann sposò Katia Pringsheim, figlia di un matematico ebreo, dalla quale ebbe sei figli. Anche se non traspare dai suoi scritti, la sua vita personale fu segnata dalla tragedia: due delle sue sorelle e due dei suoi figli (il romanziere Klaus e il musicista Michael) si suicidarono. Nel frattempo, due dei suoi figli, Erika e Klaus, seguirono le sue orme più degli altri: oltre a intraprendere la carriera letteraria come il padre, erano entrambi gay. Questo fu per loro fonte di dolore personale: Erika ebbe un matrimonio infelice e di breve durata con l'attore gay Gustaf Gründgens (1899-1963), mentre Klaus si fidanzò con la sua amica d'infanzia Pamela Wedekind prima di rompere.

Mann pubblicò una serie di romanzi di successo all'inizio del XX secolo e ricevette il Premio Nobel per la letteratura nel 1929. Tuttavia, con l'ascesa del nazismo e di Adolf Hitler (leader del partito nazista e cancelliere tedesco, 1889-1945), che Mann criticò apertamente, fu costretto a emigrare in Svizzera e poi negli Stati Uniti, dove insegnò all'Università di Princeton.

Tuttavia, negli Stati Uniti si trovò ad affrontare un altro tipo di persecuzione durante l'era McCarthy, che lo indusse a tornare in Svizzera alla fine degli anni Quaranta. Morì nei pressi di Zurigo nel 1955.

Mann è ampiamente riconosciuto come uno dei più grandi scrittori di lingua tedesca di tutti i tempi e la sua scrittura e il suo pensiero hanno avuto un grande impatto sulla letteratura europeo del XX secolo. La sua vasta opera abbraccia diversi generi, tra cui teatro, racconti, romanzi e scritti autobiografici. È stato anche un primo sostenitore dei diritti degli omosessuali, in quanto ha appoggiato apertamente il diritto degli individui di prendere le proprie decisioni sulla loro vita privata.

MORTE A VENEZIA

UNA STORIA DI OSSESSIONE, MALATTIA E DECLINO

- **Genere:** novella psicologica

- **Edizione di riferimento:** Mann, T. (2001) *Death in Venice & A Man and His Dog/Der Tod in Venedig & Herr und Hund.* Trans. Applebaum, S. Mineola: Dover Publications, Inc.

- **1ª edizione:** 1912

- **Temi:** viaggio, morte, gioventù, vecchiaia

La novella *La morte a Venezia* fu pubblicata nel 1912. Racconta la storia di Gustav von Aschenbach, un rinomato scrittore tedesco sulla cinquantina che sta lottando contro il blocco dello scrittore, ma che trova una nuova prospettiva di vita a Venezia prima di sviluppare un'ossessione per un ragazzo polacco di straordinaria bellezza chiamato Tadzio. Sebbene lo scrittore non parli o tocchi mai il ragazzo, viene consumato da una passione che alla fine lo porterà alla rovina, sullo sfondo di un'epidemia di colera che si è diffusa a Venezia dall'Oriente. Pur essendo un testo breve, *La morte a Venezia* è una delle opere più acclamate di Mann e ha ispirato una serie di adattamenti, tra cui un film, un balletto e un'opera.

L'omoerotismo della novella ha suscitato un acceso dibattito, con alcuni critici che sostengono che l'opera glorifica la pederastia. Tuttavia, questa non è l'unica interpretazione possibile di questo testo complesso e ricco di sfumature.

👁 LO SAPEVATE?

La morte a Venezia si ispira a un viaggio reale nella città che Mann fece con la moglie. L'albergo in cui la coppia soggiornò compare nella novella e sembra che Mann abbia anche visto e sia stato attratto da un giovane polacco. Tuttavia, non osò seguirlo per la città, come fa Aschenbach nel libro.

SINTESI

ASCHENBACH FUGGE A VENEZIA

Il protagonista di *La morte a Venezia* è Gustav von Aschenbach, un vedovo e acclamato autore sulla cinquantina che ha da poco ottenuto l'appellativo aristocratico di "von" in riconoscimento dei suoi successi artistici. È molto riservato, dimostra un'eccezionale disciplina e dedizione al suo mestiere e conduce un'esistenza spartana. All'inizio della novella, sta camminando alla periferia di un cimitero quando scorge uno strano uomo dai capelli rossi che lo fissa aggressivamente. È combattuto tra la curiosità e la vergogna, ma alla fine decide di mantenere le distanze dall'uomo. Colto dall'impulso di viaggiare, ha la visione di entrare in una palude onirica, dove la natura selvaggia è ricca di vegetazione esotica e lussureggiante, ma sembra piena di pericoli nascosti. Poco dopo decide di prendersi una vacanza.

Dopo essersi recato inizialmente a Pola, sulla costa dell'Impero austro-ungarico, Aschenbach si rende conto che invece doveva andare a Venezia e soggiornare al Grand Hôtel des Bains sull'isola del Lido. Sul battello che lo porta sull'isola, vede un gruppo di giovani energici e un uomo anziano che indossa parrucca, denti finti, trucco pesante e abiti giovanili nel vano tentativo di adattarsi a loro. Il vecchio finisce per ubriacarsi alla cieca e rendersi ridicolo, e Aschenbach è sconcertato dal suo comportamento e dal suo bisogno immaturo di aggrapparsi alla giovinezza perduta. Arrivato in città, lo scrittore ha uno spiacevole incontro con un gondoliere senza licenza dai capelli rossi e dal volto scheletrico. Aschenbach è infastidito dal modo spericolato in cui guida tra i canali, ma l'uomo si rifiuta di tornare all'approdo delle gondole. Alla fine, Aschenbach si arrende e lascia che il gondoliere prosegua.

ASCHENBACH VEDE TADZIO PER LA PRIMA VOLTA

Dopo essersi registrato in albergo e aver riflettuto sulle sue strane esperienze fino a quel momento, Aschenbach scende a cena, dove la sua attenzione viene catturata da una famiglia polacca. Uno di loro è un ragazzo di una bellezza impressionante, che sembra avere circa 14 anni. È vestito come un marinaio e ricorda le statue dell'antica Grecia. Le sorelle maggiori del ragazzo, invece, sono vestite così severamente da sembrare suore. Aschenbach scopre che il ragazzo si chiama Tadzio durante una gita in spiaggia e, sebbene ne diventi presto ossessionato, si convince che il suo interesse è puramente artistico ed estetico.

Il clima caldo e umido comincia presto a compromettere la salute dell'anziano scrittore, che decide così di lasciare Venezia prima del previsto per recarsi in un luogo più piacevole. Le acque fetide della città sembrano avvertirlo che se rimane lì sarà in pericolo. Tuttavia, la mattina in cui dovrebbe partire, rivede Tadzio e viene sopraffatto da sensi di colpa e rimpianti. Quando arriva alla stazione ferroviaria, si rende conto che il suo baule è stato spedito nel posto sbagliato. Finge di essere arrabbiato per l'errore, ma in fondo è entusiasta di avere una scusa per restare in città con Tadzio. Decide di rimanere a Venezia fino a quando non avrà recuperato il suo bagaglio e tornerà in albergo. È talmente innamorato del ragazzo che decide di non partire.

OSSESSIONE E MALATTIA

Nel corso delle settimane successive, l'interesse di Aschenbach per Tadzio raggiunge proporzioni ossessive: lo osserva costantemente e lo segue persino per Venezia. Cerca di convincere se stesso che continua a incontrare il ragazzo per caso, ma in realtà sta setacciando le strade della città per cercare lui e le sue sorelle, al punto che queste ultime cominciano a sospettare delle sue intenzioni. Una notte, Tadzio sfoggia un ampio sorriso allo scrittore, che lo descrive come "il sorriso di Narciso che si china sul suo riflesso nell'acqua" (p. 93). Aschenbach è turbato dall'incontro e si precipita fuori dall'albergo in un giardino deserto, dove finalmente ammette a se stesso che il suo interesse per Tadzio non è solo artistico, ma che è innamorato di lui.

Aschenbach si reca dal Lido a Venezia, dove vede dei cartelli che avvertono di una non meglio precisata malattia e che invitano a non mangiare cozze e ostriche. Si accorge poi di un odore forte e sconosciuto che permea le strade di Venezia e capisce che si tratta di un disinfettante. Tuttavia, le autorità e gli abitanti della città sembrano negare la gravità del problema e i turisti continuano a vagare ammirando la sua bellezza, ignari del pericolo che li circonda.

All'inizio Aschenbach si rifiuta di riconoscere il pericolo rappresentato dalla malattia, perché gli piace pensare che sia in qualche modo legata alla sua passione per Tadzio. Più o meno in quel momento, vede un terzo uomo dai capelli rossi e dall'aspetto rozzo, che fa parte di un gruppo di musicisti di strada venuti a esibirsi per gli ospiti dell'albergo. Aschenbach ascolta le loro canzoni, così sconce che lo avrebbero disgustato nella sua vita precedente in Germania, mentre osserva di nascosto Tadzio. A un certo punto, il ragazzo gli rivolge uno sguardo che gli fa sperare che l'attrazione possa essere reciproca. Quando il musicista si avvicina a lui, si rende conto che l'uomo emana lo stesso odore putrido che ha notato in tutta la città.

DECLINO E DISTRUZIONE

Aschenbach cerca di allontanare Tadzio dalla sua mente e decide di scoprire la verità sugli avvisi sanitari affissi in tutta la città. Dopo che diverse persone gli dicono che lo scirocco (un tipo di vento caldo e opprimente che si verifica in Nord Africa e nell'Europa meridionale) è l'unica cosa di cui preoccuparsi, parla con un agente di viaggio britannico che ammette che un'epidemia di colera si è diffusa a Venezia dall'Oriente e che la sua vita sarebbe in pericolo se decidesse di rimanere lì. Lo scrittore si trova quindi di fronte a un dilemma morale: se avverte la madre di Tadzio che è pericoloso rimanere a Venezia, avrà agito in modo etico e avrà aiutato l'oggetto della sua ammirazione, ma la famiglia lascerà la città e lui non potrà più vedere il ragazzo. Decide quindi di tenere per sé la verità e di rimanere in città, dove potrà osservare Tadzio.

Dopo aver trascorso la maggior parte della sua vita concentrandosi sulla ragione e sulle questioni intellettuali, Aschenbach rivolge le sue attenzioni al suo corpo e al suo viso invecchiati. Nel tentativo di rendersi fisicamente più attraente, si reca dal barbiere dell'albergo, che lo convince a tingere i capelli color nero naturale e a truccarsi per sembrare più giovane. Senza rendersene conto, Aschenbach ha iniziato a comportarsi come il vecchio sulla barca per Venezia, che aveva trovato così ripugnante e ridicolo. Avendo cambiato aspetto, lo scrittore inizia a seguire Tadzio per Venezia nel caldo opprimente e fastidioso. Quando alla fine lo perde tra le strade labirintiche, è così esausto e assetato che divora senza pensarci alcune fragole troppo mature e va a riposare in una piazza. Riflette sull'ideale platonico di bellezza e ricorda il dialogo filosofico del *Fedone*, in un episodio che dimostra quanto sia caduto in basso da quando ha visto per la prima volta la fragile bellezza di Tadzio.

Qualche giorno dopo, Aschenbach, che si sente male e debole, scende nella hall dell'albergo, dove scopre che la famiglia polacca ha intenzione di partire dopo pranzo. Si dirige verso la spiaggia e si siede sulla stessa sedia a sdraio da cui ha osservato il ragazzo fin dal suo arrivo. Oggi Tadzio non è accompagnato dalla madre, dalla governante o dalle sorelle, ma gioca in riva al mare con gli amici che si è fatto nel corso del soggiorno. Tra questi c'è un ragazzo di nome Jaschu, che è diventato inseparabile da Tadzio. I due ragazzi si azzuffano e Jaschu presto sovrasta Tadzio e lo tiene sott'acqua. Quando Tadzio si libera, guadagna l'acqua e si mette a guardare il mare, prima di voltarsi e vedere il suo ammiratore che lo sta guardando di nuovo. Aschenbach ha l'impressione che Tadzio lo stia incoraggiando a seguirlo, ma quando cerca di alzarsi finisce per cadere dalla sedia. È qui che viene scoperto il suo cadavere pochi minuti dopo. Il resto del mondo piange la perdita dello stimato autore, ma è completamente all'oscuro del turbamento mentale che ha afflitto i suoi ultimi giorni prima dell'inaspettata scomparsa.

DALLA PAGINA ALLO SCHERMO

Nel 1971, *La morte a Venezia* fu adattato in un film diretto dall'acclamato regista italiano Luchino Visconti (1906-1976). Fu uno degli ultimi film di Visconti ed è ampiamente considerato uno dei suoi capolavori. Il film, che ottenne una nomination all'Oscar per i migliori costumi, suscitò un rinnovato interesse per la novella e per l'opera di Mann in generale. Il film è interpretato da Dirk Bogarde nel ruolo di Aschenbach e dal diciassettenne Björn Andrésen nel ruolo di Tadzio.

STUDIO DEL CARATTERE

GUSTAV VON ASCHENBACH

Aschenbach è un acclamato scrittore tedesco che ha molte affinità con Mann stesso. Le sue origini miste (il padre è tedesco, mentre la madre è boema) lo portano ad avere una disciplina ferrea che rasenta l'ossessione e una sensualità innata che lo spinge a perseguire la perfezione artistica. Le sue fatiche artistiche lo hanno reso esausto e prematuramente invecchiato, e decide di viaggiare in un luogo esotico per sfuggire alla routine. Agli inizi della sua carriera, la sua scrittura era considerata trasgressiva e una sfida alle convenzioni esistenti, ma oggi la sua opera è talmente accettata che viene studiata nelle scuole tedesche. Anche l'approccio di Aschenbach al suo mestiere è cambiato da quando ha iniziato a scrivere, e l'idea di passare da ribelle a figura di riferimento non lo preoccupa. All'inizio della novella è alle prese con il blocco dello scrittore, che supera quando si reca a Venezia e vede Tadzio. Tuttavia, il ragazzo risveglia anche un'ossessione perversa che lo porta a tradire i suoi vecchi ideali e a causare indirettamente la sua morte.

TADZIO

Questo giovane polacco rappresenta sia la salvezza creativa di Aschenbach che la sua rovina. È il figlio più giovane della sua famiglia. La madre è molto elegante e sembra favorirlo, mentre le sorelle vestono in modo così cupo da sembrare suore. Ha lunghi capelli biondi, è molto esile e pallido e ha lo smalto dei denti scolorito; anzi, sembra così fragile che Aschenbach non osa toccarlo e lo scrittore gli predice che morirà giovane perché sembra così malaticcio. Parla dolcemente e sembra felice quando è circondato dai suoi cari. Tuttavia, è timido con le persone che non conosce e scambia spesso sguardi incerti con i suoi ammiratori. È incline agli sbalzi d'umore e si infuria rapidamente, ma poi si calma altrettanto rapidamente. Ad esempio, si arrabbia con una famiglia russa sulla spiaggia, ma poi passa oltre.

JASCHU

Jaschu è l'amico più intimo di Tadzio all'interno dell'hotel. Sembra venerarlo e si comporta come un suo servo. Sia per l'aspetto che per la personalità, è l'esatto opposto del suo amico: è tarchiato e rumoroso e ha i capelli neri e lucenti.

ANALISI

FORMA

Genere

La morte a Venezia può essere classificata come una novella psicologica, in quanto si concentra sulla personalità e sulla vita interiore del protagonista ed esplora le motivazioni e le circostanze che sono responsabili delle sue azioni. Mentre la maggior parte dei generi si basa su fattori esterni per far progredire la trama, le narrazioni psicologiche sono più orientate ai personaggi e si concentrano principalmente sull'esplorazione dei processi mentali ed emotivi dei protagonisti. Spesso impiegano tecniche come il flusso di coscienza e i monologhi interni per esaminare nel dettaglio le motivazioni alla base del comportamento umano.

Si potrebbe quindi affermare che il vero scenario di *La morte a Venezia* non è Venezia stessa, ma la mente di Aschenbach, poiché tutto ciò di cui il lettore è testimone è filtrato dalla sua prospettiva. Ciò significa che la realtà esterna è meno importante della sua percezione di questa realtà; di conseguenza, non possiamo sempre essere sicuri che gli eventi descritti nella novella stiano realmente accadendo, poiché potrebbero essere frutto della sua immaginazione o distorti dalla sua prospettiva. Non sapendo cosa pensano o sentono gli altri personaggi, dobbiamo basare la nostra interpretazione della storia solo sul punto di vista di Aschenbach. Ciò solleva una serie di domande fondamentali: Tadzio stava davvero guardando Aschenbach? Aschenbach ha davvero visto gli strani uomini dai capelli rossi? La Venezia reale è simile alla città descritta nella novella o Aschenbach la vede così solo perché è consumato dalla febbre e dall'ossessione?

Struttura

La morte a Venezia è composto da cinque brevi capitoli, ognuno dei quali ha uno scopo particolare all'interno della narrazione e si concentra su un argomento specifico:

- Il primo capitolo delinea le ragioni per cui Aschenbach sente il bisogno di viaggiare per allontanarsi dalla routine e dalla disciplina della sua vita. Racconta anche il suo strano incontro con il primo uomo dai capelli rossi, introducendo così un motivo che ricorrerà nel resto del testo e che svolgerà un importante ruolo simbolico al suo interno.

- Il secondo capitolo segna una breve pausa nella narrazione e presenta un ritratto più ampio e dettagliato della personalità di Aschenbach. Si delinea il suo background, la sua personale visione estetica, le sue riflessioni sul ruolo dello scrittore e la metodica routine che occupa le sue giornate.

- Il terzo capitolo descrive il suo arrivo a Venezia, quando vede il vecchio in barca e incontra il gondoliere. Questo capitolo racconta anche la prima volta che vede Tadzio, che lo affascina immediatamente e che lo porterà alla rovina, anche se lui non lo sa ancora. Aschenbach si rende anche conto che la città sta danneggiando la sua salute, ma decide di rimanere comunque per poter osservare Tadzio.

- Il quarto capitolo ripercorre l'evoluzione dell'interesse di Aschenbach per Tadzio in una vera e propria ossessione. Inizia a seguirlo e a scambiare con lui degli sguardi che culminano nel momento in cui il giovane polacco gli sorride per la prima volta.

- Il quinto e ultimo capitolo rappresenta una serie di finali: Il declino della salute di Aschenbach, il colera che si diffonde per le strade di Venezia e la sconfitta di Tadzio da parte di Jaschu in un combattimento prima di lasciare Venezia con la sua famiglia. Questo capitolo segna il definitivo crollo morale di Aschenbach, che decide di correre il rischio della malattia e della morte per poter godere del piacere spirituale di osservare il giovane polacco.

Riferimenti letterari, filosofici e mitologici

La morte a Venezia presenta un ricco arazzo di riferimenti alla mitologia greca classica e alla filosofia platonica e tedesca. Ad esempio, cita Eros (il dio greco dell'amore) e i dialoghi di Platone (filosofo greco, 428/7-348/7 a.C.) e contiene un'allusione al libro di Friedrich Nietzsche (filosofo tedesco, 1844-1900) del 1872, *La nascita della tragedia*, che ha avuto un ruolo fondamentale nel plasmare il pensiero tedesco ed europeo del XIX secolo e ancora oggi rimane un testo centrale della filosofia tedesca.

Nietzsche si ispira alle divinità greche Apollo, che secondo lui rappresentava la bellezza, la razionalità, l'equilibrio e l'armonia, e Dioniso, il dio del vino, che secondo lui rappresentava la festa, i piaceri terreni, la sensualità disinibita e l'estasi. Egli stabilì una dicotomia tra apollineo e dionisiaco, ma nel caso di *La morte a Venezia* questi due elementi sono sbilanciati in

Aschenbach: fino a questo momento della sua vita, la sua esistenza è stata dedicata all'intellettualismo e alla disciplina creativa (l'apollineo) e ha represso qualsiasi impulso dionisiaco. Tuttavia, questi impulsi si scatenano quando si reca a Venezia e vede Tadzio, portando al suo declino e alla morte finale.

Anche il dialogo *Fedone* di Platone svolge un ruolo importante nella novella. Ciò è particolarmente evidente verso la fine della storia, quando Aschenbach ricorda un lungo passaggio di questo testo, nella consapevolezza di essersi definitivamente allontanato dal suo percorso di rettitudine morale e di rigida disciplina. In questo dialogo, Socrate parla a Fedone della bellezza poco prima di morire e Aschenbach trae conforto dall'idea che solo la bellezza e la sensibilità possono condurre gli artisti alla vera realizzazione spirituale. È anche significativo che il passo che Aschenbach ricorda arrivi alla fine del dialogo, quando Socrate si congeda dal giovane Fedone.

TEMI

Viaggi

I motivi che spingono Aschenbach a viaggiare ci vengono spiegati nelle prime pagine della novella e, dopo aver visto l'uomo dai capelli rossi nel cimitero, viene colto da un ardente desiderio di fuggire. Fa un sogno vivido su un luogo idilliaco con un'abbondante vegetazione lussureggiante, ma dove i pericoli si nascondono appena sotto la superficie. Decide quindi di viaggiare per riaccendere la sua scintilla creativa, che sembra essersi spenta dopo anni di lavoro meticoloso. Questa volta non si accontenterà di una vacanza ordinaria, come il viaggio annuale nella sua casa in montagna, ma farà qualcosa di diverso, ispirato dai suoi ricordi e dalla nostalgia per la giovinezza perduta. Dopo che il viaggio programmato a Pola non è all'altezza delle sue aspettative, parte per la sensuale e misteriosa città di Venezia. Questo cambiamento di scenario innesca un cambiamento in lui, e il suo viaggio a Venezia rispecchia un viaggio interiore che gli permette di capire chi è veramente.

La trasformazione di Aschenbach nel corso della novella è al centro della storia e fa progredire l'intreccio. Anche se non lo sa, quando lascia la sua casa per viaggiare, si allontana dalla strada moralmente retta che ha seguito per tutta la vita. È come se qualcosa dentro di lui o un'insoddisfazione latente per la sua vita attuale lo costringesse ad abbandonare la rigida disciplina che ha sempre governato la sua esistenza. Sente che in lui c'è qualcosa di misterioso che ha sempre represso e che ora vuole esplorare. Il suo intenso desiderio di viaggiare è reso evidente nelle pagine iniziali della novella:

> *"Era una voglia di viaggiare, niente di più; ma si presentava sotto forma di un vero e proprio attacco, intensificato fino alla passionalità; in effetti, era come un delirio dei sensi. Il suo desiderio era chiaroveggente; la sua immaginazione, che non si era ancora riposata dopo le ore di lavoro, evocava un campionario rappresentativo di tutte le meraviglie e i terrori della variegata terra […]" (p. 7).*

Quando Aschenbach decide di recarsi a Venezia, dopo una breve sosta a Pola, la sua esistenza si fa sempre più strana e complicata e il lettore comincia a percepire che nel suo mondo non va tutto bene. Durante il viaggio verso la città, vede un vecchio vestito da giovane nel vano tentativo di nascondere la sua età e di inserirsi in un gruppo di giovani, e l'immagine di quest'uomo lo perseguita per tutta la novella. La ricorda dopo l'arrivo in albergo e prefigura il suo destino, anche se all'inizio non ne è consapevole.

Quando è arrivato a Venezia e sta cercando di raggiungere l'isola del Lido, ha un altro strano incontro con un gondoliere senza licenza. Sebbene Aschenbach inizialmente diffidi di quest'uomo rozzo e maleducato, finisce per lasciarsi trasportare lungo i canali della città. L'immaginario di questo episodio è significativo: la gondola è paragonata a una bara, mentre il gondoliere ricorda la figura di Caronte, il traghettatore che nella mitologia greca trasporta le anime nel mondo dei morti. Questo paragone si rafforza quando Aschenbach riflette che il gondoliere potrebbe trasportarlo nell'Ade e lui non avrebbe problemi. È come se avesse un desiderio di morte, un'impressione che si rafforzerà più avanti nella narrazione.

Il viaggio di Aschenbach sembra finire quando vede Tadzio, che gli ispira un sentimento mai provato prima. Il viaggio interiore dello scrittore e il suo inesorabile declino iniziano quando il ragazzo appare per la prima volta ed egli cade completamente sotto il suo incantesimo. Tadzio gli fa da guida nell'avventura esuberante, sensuale ma ineluttabilmente pericolosa che aveva immaginato nel cimitero.

La morte

Questo tema è alluso nel titolo della novella ed è onnipresente in tutto il racconto. Dal primo incontro di Aschenbach con l'uomo dai capelli rossi nel cimitero, tutte le altre strane figure che incontra sono legate alla morte. Ad esempio, quando vede il vecchio sulla barca per Venezia, è colpito dalla ferocia con cui si aggrappa alla sua giovinezza perduta, come se non volesse accettare il passare del tempo, che inevitabilmente porta alla morte.

Allo stesso modo, il gondoliere ricorda la figura di Caronte e sembra ispirare nello scrittore una sorta di desiderio di morte:

> "Chi potrebbe evitare di provare un brivido fugace, una segreta timidezza e ansia salendo su una gondola veneziana per la prima volta o dopo una lunga assenza? Lo strano mezzo di trasporto [...] ricorda silenziose avventure criminali nella notte, accompagnate solo dal tranquillo scrosciare dell'acqua; ancor più, ricorda la morte stessa, la bara e il lugubre funerale e l'ultimo taciturno passaggio" (p. 35).

Questo movimento lungo i canali di Venezia evoca i pericoli della città e la fine del viaggio di Aschenbach, che culminerà con la sua morte. Dopo essersi registrato in albergo, si accorge di un fetore putrido che sale dalle acque della città. Questo è uno dei tanti segnali d'allarme che ricorrono in tutta la novella, ma che lo scrittore invariabilmente ignora. La città stessa sembra avvertirlo della sua imminente rovina, ma lui è talmente ossessionato da Tadzio che è disposto ad accettare i rischi che comporta la sua permanenza in quel luogo.

Visti gli avvertimenti sanitari e le chiare indicazioni che tutto non va bene a Venezia, è ovvio che Aschenbach avrebbe dovuto fuggire quando ne aveva la possibilità. A questo punto, ha un altro incontro con una strana figura: il rozzo cantante dai capelli rossi che guida il gruppo di musicisti di strada giunti in albergo. È forse l'incontro più stridente di tutti, perché mostra quanto Aschenbach sia cambiato nel corso del suo soggiorno: mentre il vecchio Aschenbach sarebbe stato disgustato dal comportamento buffonesco e osceno del cantante, questa volta rimane per tutta l'esibizione per poter stare vicino a Tadzio. Inoltre, il cantante emana una puzza di malattia e di decadenza, come se fosse l'incarnazione vivente della pestilenza che si sta diffondendo inosservata a Venezia; in questo modo, la sua apparizione serve a preannunciare l'imminente declino e la morte di Aschenbach. Nonostante questo segnale d'allarme, lo scrittore ha già preso la sua decisione e intende rimanere in città fino alla partenza di Tadzio. Questo porta alla sua rovina: quando scopre che il ragazzo sta tornando a casa, è come se Aschenbach rinunciasse alla vita, e muore mentre guarda per l'ultima volta l'oggetto della sua ossessione.

Gioventù e vecchiaia

La novella costituisce una lunga riflessione sul passare del tempo e sul fatto che la giovinezza inevitabilmente svanisce e lascia il posto alla vecchiaia. Aschenbach ha raggiunto un punto della sua vita in cui gli anni che passano cominciano a pesare su di lui, come viene sottilmente accennato nel corso della narrazione. È forse questa la ragione del suo ardente desiderio di viaggiare, di cambiare la sua routine e di vivere la sua vita in modo diverso.

Una delle immagini più inquietanti della narrazione è quella del vecchio sulla barca quando Aschenbach arriva a Venezia. In questo passaggio, lo scrittore è disturbato dal vano tentativo dell'uomo di arrestare lo scorrere del tempo: vede subito attraverso il trucco, la dentiera e la parrucca, ed è sconcertato dal fatto che nessun altro sembra preoccuparsene:

"Non sapevano, non si accorgevano che era vecchio, che non era giusto che indossasse i loro abiti colorati e dandy, che non era giusto che recitasse la parte di uno di loro? A quanto pare, lo sopportavano in mezzo a loro come una cosa ovvia e abituale, lo trattavano come uno di loro, ricambiavano i suoi scherzi senza ripugnanza" (p. 29).

Il vecchio non riesce a stare al passo con i giovani e finisce per ubriacarsi e rendersi ridicolo. Il fatto che sia questo anziano ubriacone ad accogliere Aschenbach in città e ad augurargli un buon soggiorno può essere considerato simbolico. L'anziano ha un impatto profondo sullo scrittore e quando torna in albergo pensa ancora a lui. Tuttavia, si dimentica presto di lui quando vede Tadzio per la prima volta.

Il ragazzo polacco rappresenta la bellezza della giovinezza e i passaggi che lo descrivono testimoniano l'importanza che sia Aschenbach che Mann attribuiscono al vigore e alla vitalità dei giovani. Tuttavia, la sua pelle pallida e lo smalto scolorito dei suoi denti danno l'impressione che la sua salute sia fragile. Aschenbach afferma ripetutamente che Tadzio non vivrà fino a diventare vecchio, e si potrebbe pensare che lo scrittore desideri segretamente questo destino, per lasciare questo mondo nel fiore degli anni e non subire le indigenze dell'invecchiamento.

Uno degli episodi più memorabili e significativi della novella si verifica verso la fine della narrazione, quando Aschenbach fa visita al barbiere dell'albergo e i due hanno una preoccupante conversazione sulle virtù della giovinezza. Il barbiere suggerisce che lo scrittore potrebbe usare il trucco per recuperare le sembianze della sua giovinezza perduta. Egli trasforma quindi il suo aspetto tingendosi i capelli e applicando creme e fard sul viso. Aschenbach è entusiasta della sua trasformazione e il barbiere gli dice che è pronto per uscire e innamorarsi. Senza rendersene conto, lo scrittore si è trasformato nel vecchio che lo disgustava tanto al suo arrivo in città. Ha subito l'incantesimo di Venezia e di Tadzio, che lo hanno cambiato. Seduto da solo in una piazza vuota, truccato e fingendo di essere molto più giovane di quanto sia in realtà, Aschenbach riflette sul *Fedone*, un dialogo sulla bellezza e sulla giovinezza.

ULTERIORI RIFLESSIONI

ALCUNE DOMANDE SU CUI RIFLETTERE...

- Verso la fine della novella, Aschenbach si aggira per le strade di Venezia in preda a un delirio indotto dalla febbre. Che cosa significa questo in termini di trasformazione morale?

- Perché Aschenbach paragona Tadzio a Eros? Cosa simboleggia questo paragone?

- Perché è importante il fatto che Aschenbach non tocchi mai Tadzio?

- Pensate che l'uomo nel cimitero, il vecchio sulla barca, il gondoliere e il musicista di strada siano la stessa persona? Giustificate la vostra risposta.

- Che cosa simboleggiano le barche nel romanzo?

- Aschenbach muore felice?

- Che cosa simboleggiano gli uomini dai capelli rossi nella novella? Giustificate la vostra risposta.

ULTERIORI LETTURE

EDIZIONE DI RIFERIMENTO

Mann, T. (2001) *Death in Venice & A Man and His Dog/Der Tod in Venedig & Herr und Hund*. Trans. Applebaum, S. Mineola: Dover Publications, Inc.

STUDI DI RIFERIMENTO

García Cueto, P. (2014) Muerte en Venecia: el arte, el deseo y la muerte. Da Thomas Mann a Visconti. *Fronterad*. [Online]. [Accessed 11 April 2018]. Disponibile da: <http://www.fronterad.com/?q=muerte-en-venecia-arte-deseo-y-muerte-thomas-mann-a-visconti>

Trias, E. (1978) *Conocer Thomas Mann y su obra*. Barcellona: Editorial Dopesa.

LETTURA CONSIGLIATA

Hayman, R. (1997) *Thomas Mann: A Biography*. Londra: Bloomsbury.

Robertson, R. ed. (2009) *The Cambridge Companion to Thomas Mann*. Cambridge: Cambridge University Press.

ADATTAMENTI

Britten, B. (1973) *La morte a Venezia*. Opera, prima al Festival di Aldeburgh, Inghilterra.

La morte a Venezia (1971) [Film]. Luchino Visconti. Dir. Italia/Francia/USA: Alfa Cinematografica, Warner Brothers.

Vogliamo sapere da voi!
Lasciate un commento sulla vostra biblioteca online
e condividete i vostri libri preferiti sui social media!

www.50minutes.com

Master ISBN: 9782808690799
ISBN cartaceo: 9782808612197
Deposito legale: D/2023/12603/1499

Copertura: © Primento

Concezione digitale a cura di Primento, il partner digitale degli editori.